Und trotzdem in dir angekommen

Illustration: Hajar Aeraki
Texte: Fatin Aeraki

Zu den Autoren

Mein Name ist Fatin, ich bin 24 Jahre alt und studiere im Master Philosophie und Politikwissenschaften. In Gedichten leben Erinnerungen, Gedanken und Gefühle für einen kurzen Moment auf. Wie ein Glühwürmchen, das unbeirrt leuchtet. Seit meinem vierzehnten Lebensjahr schreibe ich gerne. Meinen kulturellen Hintergrund und meine marokkanischen Wurzeln nehme ich auf eine Reise mit und verwebe sie mit den Erfahrungen, die ich im Alltag mache. Ich höre mir unheimlich gerne die Lebensgeschichten von Menschen an und sehe ihre Erlebnisse wie kleine Puzzelteile vor meinem geistigen Auge. Themen wie Feminismus, Soziale Gerechtigkeit, interkultureller Austausch und interreligiöse Dialoge beschäftigen mich sehr. Sie treiben mich an und eröffnen immer wieder neue Ideen für das nächste Schreibprojekt.

„Deine Handschrift ist grauenhaft." Dies bekam Hajar Aeraki, geboren 1999 in der dritten Klasse dauernd zu hören. Mittlerweile ist die Kommunikationsdesignstudentin auf Typografie, Kalligrafie, Fotografie und Illustration spezialisiert. Neben dem Designstudium dürfen für sie soziales Engagement und politisches Mitmischen nicht fehlen.

Und trotzdem in dir angekommen

Content

Ablehnung — 6

Selbstverurteilung
„Ich" - das Symbol
Bequeme Manier
Gedankenschlacke
Gelebter Hass
Nimm Sie
Durchdringende Fragen
Dreiste Finger
Leiernde Gährung
Un-Wir
Stampfender Kinderfuß
Wegdrängende Besorgung
Zittriges Unwissen
Bürotiraden
Kein Halt

Gefühl der Andersartigkeit

Chancenriss
Schulterkrumm
Unerkennbar
Selbstbeschmückun
Verglaster Blick

Gefühl der Heimat — 43

Sonniges Lächeln
Grummelndes Wohl
Gelebte Wärme
Gartengeräusche
Belebter Rhythmus
Spieleabende
Vertrautes Ankommen
Meeresspülung
In Armen ruhend
Gerösteter Duft
Felderrennen
Stimmige Fragenkette
Tröpfelnder Entschluss
Schwingende Vergebung
Abendgeschichten

Und trotzdem in dir angekommen

Introduction

Jeder Mensch erlebt in seinem Leben Ablehnung. Kaum jemand ist damit noch nicht in Berührung gekommen. Das Gefühl der Andersartigkeit und sich haltlos zu fühlen. Manchen Menschen begegnet es besonders häufig im Leben. Gründe gibt es viele. Tattoos, mehr Gewicht oder weniger Gewicht, Körpergröße, ein operierter Körper, eine Behinderung, die Sexualität, die Religionszugehörigkeit, der kulturelle Background, die Hautfarbe, eine Gesinnung, aus dem Rahmen fallende Hobbys und Leidenschaften, eine kriminelle Vergangenheit, ein sozioökonomisch niedriger Background, Armut usw. Die Liste der Merkmale für die Sie im täglichen Leben abgelehnt werden ist lang und doch scheint sich immer dasselbe abzuspielen. Abwertung, Ausgrenzung, Stigmatisierung. Der Gedichtband lädt dazu ein die Perspektive einer Person wahrzunehmen, die Ablehnung erfährt, die Andersartigkeit wahrnimmt und dennoch Erlebnisse und Momente im Leben findet, die Rückhalt und Geborgenheit schenken. Momente, die uns alle prägen und losgelöst von allen Verschiedenheiten auf eines rückbesinnen; das Gefühl der Heimat. Lassen Sie sich auf eine buntgemischte Mosaiksammlung von verschiedenen Erfahrungen, Reizen und Gefühlen ein. Fragen Sie sich, was es in Ihnen auslöst. Sehen Sie sich darin wieder? Haben Sie eine solche Situation schon einmal erlebt? Was geht Ihnen dabei durch den Kopf? Vielleicht nehmen Sie auch die Perspektive einer anderen Person ein. Haben Sie diese Person abgelehnt? Ihr das Gefühl gegeben nicht dazuzugehören oder in einem schlechten Sinne anders zu sein? Wie geht es ihr damit und wie fühlen Sie sich mit diesem Gedanken? Lassen Sie dies auf sich wirken. Am Ende dieser Reise sollen Sie ankommen und sich mehr daran erinnern, was Ihnen trotz aller Unterschiede das Gefühl gibt sich fallen lassen zu können.

Ablehnung

Selbstverurteilung

Wie der Horizont,
tut sich die Mundhöhle auf,
ermattetes Fleisch.

Verworfene, zerknüllte, Falten,
versiegte, Springbrunnen erinnern,
an müde versiegte Liter Ehrgeiz.

Die Unruhe breitet stockende Flügel
aus,
hemmt den Puls zu steigen,
erschlaffter Kummer grüßt,
zündelnden Zweifel.

Und der Dauergast,
bezwingt paffende Ausrufe,
erlischt doch schnell,
drängt sich auf und unverhohlenes
Trällern.

Stetig weiter, das Lied der
Selbstverurteilung.

Ablehnung

„Ich" – das Symbol

Vielerlei Rüstungen,
wehren und verwehren,
schützen und markieren,
dich.
Nicht zum Kampfe gedacht,
definierend, bestimmend, bezeichnend,
kleine Fragmente Persönlichkeit
schimmernd,
durch dich.
Nicht abzunehmen,
unsägliches Kennzeichen,
für den einen Ausruf,
für den anderen Komma,
für den anderen fragwürdig,

Objekt im grellen Stigma,
Ausstellungsstück, Narrativ,
standfestes Symbol,
durch sie.

Ablehnung

Bequeme Manier

Musterndes kluges Aug,
selbstbestätigende Vorahnung,
einverleibtes Wissen in drei Gängen.

Bekömmliches Leben,
selbstbewundernde Manier,
fein garniertes zerschmettern,
beweihräucherndes bestätigen.

Fortgespülte Gedankenflimmer,
destillierte, lupenreine Anregungen,
gezielt ausgespuckte Konfrontation,
in bequemer Manier und
Tubenversprochenem
Zahnpastalächeln.

Entsorgungsgewohnheit von
stillgelegtem Wissen,
unweit des Horizontes,
Selbstbegrabung.

Tiefgehende Kritik,
Fall für vorgeschobene Hängematte,
entspanntes Nicken,
Worthülsen-Solidarität.

Ablehnung

Gedankenschlacke

Eine triefende, tröpfelnde,
Ablehnung markierte den Raum.
Unverkennbar zielgerichtete,
übelriechende Gedankenschlacke.

Verunsichert suchende Augen,
nach Bündnispartnern heischend,
ergebnislos auf dem Boden ruhend.

Rissige Polster, vergilbtes Holz, rissige
Vertafelung,
verschmiert vom Gefühl der
omnipräsenten Verurteilung.

Und dennoch kein Entgegenkommen,
Ablehnung begrüßend, Selbstschutz
bereichernd,
vergessend.

Ablehnung

Gelebter Hass

Stiftewurf,
demütigende Rufe,
gelernte Worte,
gelebter Hass,
gezielte Spucke,
inmitten des Schulalltags.

Ablehnung

Nimm Sie

Starres hinhalten,
Gliedmaßenfrost,
eiserne Haltung,
stumme Blicke.
Entschlossen ungehalten,
allein.
Du nimmst sie,
nicht,
die Hand,
ungehalten.

Ablehnung

Durchdringende Fragen

Sitzkreis,
unreflektierte Augen starren,
Erklärungen erheischend,
feilschende Pauschalisierungen.

Starren erwartend,
durchtränkende Fragen,
und eingeritzte Furchen,
Gereiztheit.

Ablehnung

Dreiste Finger

Busgequatsche stöbert,
Fluchtursachen summend,
Geschichten flüsternd,
Pseudoerfahrungen rufend.

Dreiste Finger weisen,
immer weisen,
sie, auf sichtbares,
direkt neben sich sitzend,
Unkenntnis,
deine Geschichte nicht kennend,
stöbert das Busgequatsche,
so verfehlend.

Ablehnung

Leiernde Gährung

Ein dumpfer Korb,
stumpfe Blicke,
rundrote Unappetitlichkeit,
Blicke führen gemächlich Tauschhandel,
Schweißdrüsen reproduzieren den
Tagesablauf,
unfreiwilliger Sog Trunkenheit,
ungehalten torkeln Flüche
und Worte,
die den Gährungsprozess nicht würdig
waren.

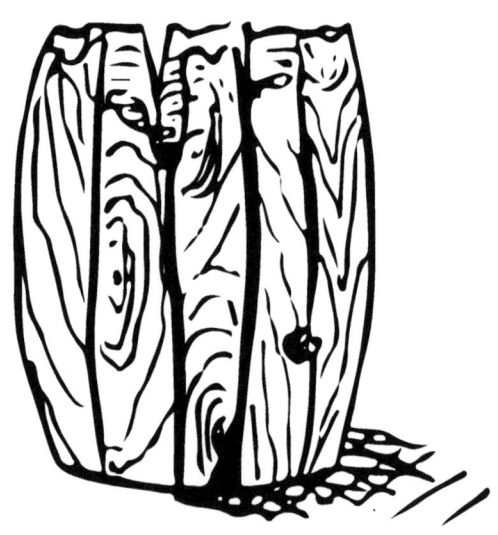

Ablehnung

Un-Wir

Für sie kein wir,
nur gelebtes ihr,
gedacht, gesagtes du,
doch nie ein gut gemeintes uns,
festgepinntes euch,
stetig,
bis zum es,
für alle.

Ablehnung

Stampfender Kinderfuß

Ein Pferd, ein rennen,
ein schleichen.
Kinderfüße stampfen Matsch,
und gezielter Wurf, gekonnt.
Zittrige Finger und ein unsicheres
Kinn.
Haare in alle Richtungen zerrend,
Tränen fließen in Zeitbomben Tempo,
verwaschener Blick ins Leere,
erst dann eilen Kinderfüße davon,
allein einrollender Igel,
gesuhlt im Schock,
und Hass.

Ablehnung

Wegdrängende Besorgung

Geschäfteeile,
Besorgungsbedrängnis,
wie klappernder Auto Scooter
Wettbewerb,
Einkaufswagenwalzer.
Reih und Glied entsprechend,
weggedrängt,
verhängnisvolle Dreistigkeit.
Ignorierte Beschwerden.
In Reih und Glied eingeordnet,
erneut weggedrängt.
Hemmnisse weggesprengt.
Wie Leergut wirkende Gesichter.
Ausweglos.

Ablehnung

Zittriges Unwissen

Kleinste Hiebe Kreidenschlag,
zittriges Unwissen die Beine plagt,
Wallungen der Pein zirkulierend,
stetige Vorwürfe dirigierend,
beobachtende Fratzen meidend,
und wie ein kleines Fohlen leidend,
im Innern, tief im innern schreiend,
nach Ruhe.

Ablehnung

Bürotiraden

Bürohast eilt nicht in mir,
selbstbestimmtes Tempo,
Tischgeflüster im Raume weilt,
hektischer Ruf, es eilt, es eilt,
Kaffetiraden und Aromakugeln -
Nelkentee,
komische Blicke,
warum ich allein in die Kantine gehe,
Nicht mitgedacht und ausgelacht,
ist allein die Pause,
weit besser vollbracht,
weit besser geschafft,
weit besser gelebt.

Ablehnung

Kein Halt

Wie ein Passagier,
der nie aussteigt,
nicht darf,
nicht kann,
nicht möchte,
auf beiden Seiten
Ausstiegsmöglichkeiten,
nicht für mich,
leerer Zug,
resigniertes Warten,
stetig weiter,
bis zur Endstation.

Gefühl der Andersartigkeit

Chancenriss

Wandernde Wortgeflechte,
stürmen Ohren,
stürmen Erinnerungen,
stürmen Gedanken.

Stampfendes Unwohlsein,
klopft an Räume,
klopft an Momente,
klopft an Möglichkeiten.

Marschierende Unsicherheit,
klimpert an Händen,
klimpert an Gesichtszügen,
klimpert am Auftreten.

Gefühl der Andersartigkeit

Schulterkrumm

Erschlaffte Schultern bekennen Farbe,
im Stich lässt nur die Angst sie wieder.

Gefühl der Andersartigkeit

Unerkennbar

Raumgesichter wählen,
Wandfarbenwahl,
nicht erkennbar,
Ausblendung im Strahl,
trotz Massenlachen und
der Hemmnis,
in dir.

Gefühl der Andersartigkeit

Selbstbeschmückung

Die Narben als Deko,
innere Geschichte schmücken,
müde Augen reden,
aber niemand kann sie sehen,
hören und fühlen.

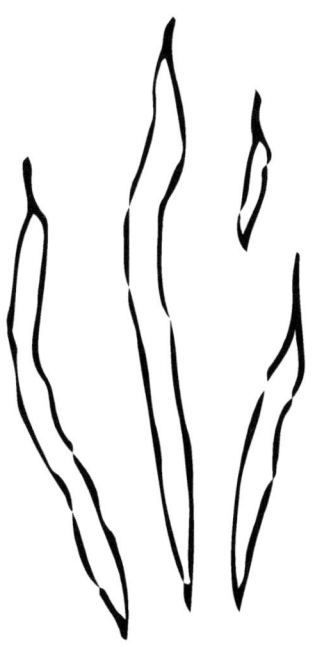

Gefühl der Andersartigkeit

Verglaster Blick

Der Blick an mir herunter,
meiner gibt nichts wieder,
der Blick der anderen schon,
ihrer führt mich vor,
eingefangen und stetig freigelassen,
wiederkehrend,
auch ohne Augen.

Gefühl der Heimat

Sonniges Lächeln

Lächeln rutscht auf,
Blätterkronen schmücken verspielte
Knoten,
klebrige Kaugummikugeln entzücken,
Sandbezogene Fingernägel winken,
wild umher.

Gefühl der Heimat

Grummelndes Wohl

Zufrieden schlürfend,
Biosüppchen bindend,
selbsterwärmend summend,
grummelnde Marschmusik
verbindende Kräuterfriemel,
füllendes Wohlwollen,
Wärme.

Gefühl der Heimat

Gelebte Wärme

Wie verschmolzene Tulpenblätter,
innig umarmt,
Salsa beim Wiedersehen,
Lachen beim Abschied,
fließende Erinnerungen,
züngelnde Strahlen gemeinsame
Erlebnisse,
geborgen.

Gartengeräusche

Gespannte Bahnen Surrschnur,
frisch gezogene Reihen
gelebte Kleidung,
rein,
Gartensummen, brummen,
quietschen, pfeifen, paffen, brutzeln,
stimmige Kinderlieder,
Farbe in jedem Buchgetrockneten
Stück,
Blume.

Gefühl der Heimat

Belebter Rhythmus

Wiederbelebende Fasern Körper,
Rhythmus erheischende Hektik,
verwunschene Töne Ausdruck,
laut, leise, harmonisch disharmonisch,
mitfühlend rufend, stimmig brüllend,
in jeder Note eine Entdeckung,
meiner Selbst,
in Wiederholung.

Wiederkehrende Geschichten,
wiederkehrendes Lachen.
Vertrauen ruht in wiegenden Händen,
beruhigt und in warm gewachsenen
Momenten,
jede Botschaft verquickt versenden.

Gefühl der Heimat

Spieleabende

In Figuren transportierte Reaktionen,
Spielbretter füllen mit Gelächter,
mal ein schummeln, mal ein ärgern,
immer ein Lachen,
spannender Geschichtenaustausch,
müde Augen zufrieden gestillt.

Gefühl der Heimat

Vertrautes Ankommen

In Falten versteckter Lavendelduft,
Grübchen zucken im Takt,
Laken kühlen tröstend,
verzierte Püppchen warten,
handgemalte Teller klirren,
Hände voller Leben streicheln Wangen,
und verwöhnen und beruhigen,
in einem Moment,
der für immer weilt,
in dir.

Gefühl der Heimat

Meeresspülung

Kühle, plätschern, rauschen,
Klarheit, Frische, Dynamik.
Fußabdrücke werden weggetragen,
das Meer nimmt alles auf,
erzählt die Geschichte dieser Füße wo
anders,
weiter, wieder, und weiter,
wie von so vielen,
mitgetragen und fortgespült,
und in dein innerstes hinein,
und in dir so befreiend sein.

Gefühl der Heimat

In Armen ruhend

In Armen wohnend,
in ihnen ruhend,
in ihnen weinend,
in ihnen lachend,
in ihnen lebend,
weiche Geborgenheit flüsternd,
dir zu singend,
und du ruhst in diesen,
so oft du kannst.

Gefühl der Heimat

Gerösteter Duft

Lampen, die zum Boden reichen,
gerösteter Duft Wachsamkeit,
weichgepolsterte Leselust,
wie aufgenommene
Wiederholungsgeräusche,
alt bewährt, alt vertraut,
Beobachtungsmanier,
leicht fantasiert, unauffällig fortgeführt,
Menschen wahrnehmend,
quatschend, essend, trinkend,
genießend,
alle am selben Ort,
und doch für sich,
erholsam.

Gefühl der Heimat

Felderrennen

Kleine Beine laufen,
Wurzeln und Gestrüpp ignorierend,
Schulterblick und verzücktes kichern,
große Beine nahen,
im Winde raschelnde Kleidung,
winzige durch Blümchen erzeugte Reibung,
entzückte Augen das Ende sahen,
und in Vaters Armen strahlen.

Stimmige Fragenkette

Fragenketten reihen sich,
stetig an neugierige Augen,
sich wundernd und interessierend,
nickt das Kinn stetig,
schiefgelegter Kopf,
vorgebeugter Körper.

Fragenketten stimmen sich auf
Geschichten ein,
ausgebaute Ideen,
aus Zwischengängen entnommene
Erkenntnis,
Gedanken flirren,
kleine Punkte Farbe im Kopf,
bunter Tanz,
bis zur Idee.

Gefühl der Heimat

Tröpfelnder Entschluss

Borsten warten auf Entscheidungen,
tröpfelnder Entschluss,
auf gefühlte Bewegungen vertrauend,
Linien, Umrisse, Perspektiven,
lachsrosa reiht sich an marineblau und
hellbraun,
alle grüßen sich und schütteln sich die
Hand und arbeiten,
miteinander,
das Ergebnis steht und zeichnet sich
stolz ab,
wie die Hand mit dem
Vertrauensvorschuss,
lohnender belohnender Blick,
in den tröpfelnden Entschluss.

Gefühl der Heimat

Schwingende Vergebung

Geduckte Schultern,
verzogener Mund,
Augenbrauen graben,
sich tief ins Gesicht,
wollen weg,
sich einen Weg zum Ausgang bahnen,
plötzliche Worte,
heben alles wieder,
wieder an.
Vergebung schwingt,
und verbreitet Riffel,
und verbreitet Ruhe,
und verbreitet Frieden.

Gefühl der Heimat

Abendgeschichten

Knisterndes rauchendes Leben,
kühle Brise Atemhauch,
Hände umschlingen wärmende Wolle,
und Geschichten wandern in Reihen,
und ein Abend mit Klängen der Natur,
und in diesen hoffen und seien.

Bibliografische Information der Deutschen Nationalbibliothek:
Die Deutsche Nationalbibliothek verzeichnet diese Publikation in der
Deutschen Nationalbibliografie; detaillierte bibliografische
Daten sind im Internet über http://dnb.dnb.de abrufbar.

TWENTYSIX – Der Self-Publishing-Verlag Eine Kooperation zwischen
der Verlagsgruppe Random House und BoD – Books on Demand

© 2021 Fatin Aeraki

Herstellung und Verlag:
BoD – Books on Demand, Norderstedt

ISBN: 978-3-7407-7277-2